AF245946

DE LA FRANCE

A PROPOS

DE L'ITALIE

PAR

LE BARON BRENIER

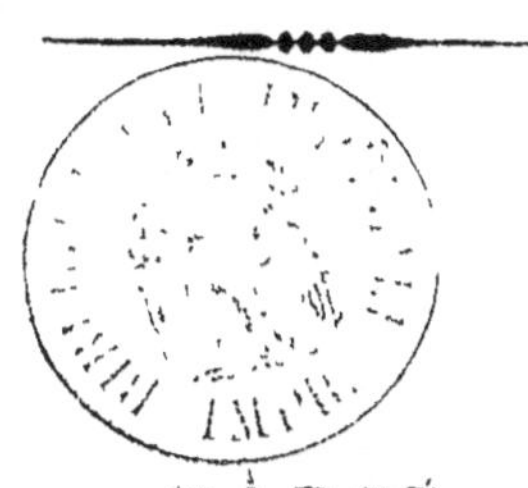

PARIS

AMYOT, ÉDITEUR DES ARCHIVES DIPLOMATIQUES

8, RUE DE LA PAIX

—

MARS 1862

DE LA FRANCE

A PROPOS

DE L'ITALIE.

---

3 mars 1862.

I

A propos des affaires d'Italie, je voudrais hasarder quelques réflexions sur la solution la plus favorable aux intérêts de la France, et examiner particulièrement, à ce point de vue, une question sur laquelle semble peser une sorte de fatalité ténébreuse. Le temps, auquel on attribue le pouvoir d'éclaircir les affaires les plus compliquées, n'ôte rien à l'obscurité, aux contradictions des faits et des résolutions. Les documents officiels ne nous apportent qu'une clarté incertaine; les termes mêmes du projet d'adresse du Sénat ne font que constater et aggraver, par un conflit de mots, les conflits de la ques-

tion ; enfin le surprenant discours de M. Billault ne change
rien au *statu quo ;* il a servi à concilier quelques dissidences dans le Sénat, mais il ne donne pas de solution.
De sorte que plus les esprits attentifs, soit aux vicissitudes
de la Papauté, soit aux mouvements politiques de l'Italie,
cherchent et espèrent une solution, plus cette solution
semble leur échapper. Et cependant la question devient
tous les jours plus pressante, j'oserai dire plus mena-
çante. — Combien de haines et de courroux elle soulève !
Haines de la révolution, courroux de l'Église. Et c'est la
France qu'on veut rendre responsable des passions ou de
la déraison qui empêche l'Italie de se constituer et la Papauté de recouvrer la paix de l'âme et la tranquillité politique.

Il est donc utile, par attachement pour notre pays,
d'essayer de dégager les obscurités et les erreurs de cette
situation et de chercher la *vérité ;* la vérité ! qui est la
première condition de la bonne conduite des affaires d'un
grand pays, et j'ajouterai la base la plus solide de tout
établissement politique. Je parle de cette vérité qui aspire
à poser les destinées des États sur ce qui est droit, hon-
nête, enfin sur des actes qui sont, autant qu'il est donné
à la faiblesse humaine, comme un reflet des desseins de
la Providence. Je me suis très-préoccupé de cette question, et mes réflexions m'ont amené à cette conclusion :
c'est que là où la vérité, c'est-à-dire la justice, la raison,
la réalité des choses, la bonne foi, ont été méconnues,
ce mépris de la vérité a été suivi de fautes, de malheurs, de châtiments. Il y a donc une morale pour tous ;
être collectif ou individuel, tout est placé sous la même
règle.

Quels sont actuellement les pays atteints de malaise,

menacés de dangers, de révolutions ? L'Autriche, la Pologne, les États-Unis, la Turquie ; partout ce sont des protestations sanglantes contre la violence, contre la mauvaise foi. Les générations actuelles revendiquent le redressement des atteintes portées aux grands principes sur lesquels se fondent les dynasties et les nations, quand leurs destinées et leur association doivent être durables.

C'est en partant de ce point de vue qu'il est utile aussi de considérer les affaires d'Italie. Mes convictions ne seront probablement pas accueillies immédiatement, mais elles finiront par réunir des adhésions, même dans le Gouvernement. — J'ai cette confiance, parce que si la *vérité* dont j'ai parlé est toute-puissante, elle a aussi une marche bien lente, et que les premières clartés qui l'annoncent sont quelquefois bien loin du jour qui la fait éclore.

Je me sens d'ailleurs quelque droit de parler sur cette grave question de l'Italie. Il y a bien des années, j'ai compati à ses souffrances et encouragé ses premières espérances, lorsqu'elle ne rencontrait aucune sympathie en Europe. — Au moment de la guerre, je n'ai pas hésité à en approuver le projet et les combinaisons politiques. — Lorsque je parle de l'Italie, c'est donc une voix amie qui s'élève et qui ne peut être suspecte. — Je voudrais lui faire parvenir un conseil que mon attachement et mon expérience m'ont inspiré, conseil d'ami, conseil par conséquent plein de franchise. — D'ailleurs, je suis autorisé à rechercher les causes et la solution de l'état actuel de l'Italie par l'opinion très-explicite du Gouvernement qui, tout en reconnaissant le roi d'Italie, déclare dans sa dépêche du 18 juin [1] *qu'il n'appartient qu'à l'ave-*

---

1. Voir le texte de cette dépêche dans les *Archives diplomatiques* publiées par Amyot, numéro de février 1862, page 185.

nir de prononcer sur l'organisation la plus propre à fixer les destinées de la Péninsule.

Cherchons donc quel peut être le meilleur avenir de l'Italie.

II

Et d'abord quelle est notre situation vis-à-vis de l'Italie? Quels sont nos engagements?

Notre situation est celle d'un allié disposé à être favorable à son indépendance, sauf en ce qui pourrait compromettre la paix et les intérêts de la France. Afin de n'apporter aucune entrave à notre allié, nous avons consenti à infirmer le Traité de Zurich[1], et nous avons reconnu le roi d'Italie. Mais les Documents officiels[2] prouvent que cette reconnaissance n'a pas le caractère d'une garantie.

A mon sens, la *reconnaissance* veut dire que nous ne faisons aucun obstacle au nouveau royaume, que nous lui

1. Voir le traité de Zurich aux *Archives diplomatiques*, année 1861 tome I, page 5.

2. *Documents diplomatiques* communiqués au Sénat et au Corps législatif, 1 vol. in-8. Paris, Amyot.

souhaitons même bonne chance, mais que nous ne nous interdisons pas non plus le droit de reconnaître une autre Italie, si l'avenir en recélait une autre dans son sein. De même que nous n'avons pas eu l'intention, comme l'a dit Son Excellence M. le Ministre des Affaires Étrangères, de lui imposer la Confédération, nous n'avons pas la volonté de la river à l'unité. Voilà, à mon sens, quelle est la signification de la reconnaissance. Ainsi donc, comme la combinaison unitaire peut être transitoire aussi bien que celle de Villafranca et de Zurich, on peut se permettre de chercher quelle est la combinaison qui conviendrait le mieux aux éléments politiques de l'Italie, et aux intérêts de la France.

Examinons d'abord la question à ce dernier point de vue : *les intérêts de la France.*

Les alliances politiques sont malheureusement les plus fragiles de tous les engagements. On ne peut donc admettre qu'à tout jamais il y ait une union parfaite entre les gouvernements de France et d'Italie, que leurs intérêts restent toujours identiques, leurs sympathies inébranlables. Il n'est pas difficile d'imaginer telle combinaison dans laquelle l'Italie prendrait un parti différent de celui de la France ; l'histoire contemporaine, en Italie, fournît plus d'un exemple de la facilité avec laquelle on y rompt les alliances politiques et les liens de parenté, lorsque l'intérêt politique semble le demander.

Qu'on ne m'accuse pas d'une défiance mal fondée ou exagérée ; je ne m'en rapporte pas seulement à mes sentiments personnels ; je consulterai, avant tout, les propres impressions, les propres documents du Gouvernement. Il est inutile de dire qu'on ne peut faire usage ici que des documents livrés à la publicité.

III

Lorsque le Gouvernement a voulu expliquer les motifs de l'annexion de la Savoie, qu'a-t-il dit?

Le Ministre des Affaires Étrangères a déclaré ceci[1], et il était dans le vrai : « Ce n'est pas au nom des idées de nationalité, ce n'est pas comme frontières naturelles que nous poursuivons l'adjonction de la Savoie et du comté de Nice à notre territoire, c'est uniquement à titre de *garantie* et comme sûreté contre les *dangers* que le développement du Piémont peut entraîner pour nous *dans l'avenir.* » Et il ajoutait : « Que la formation d'un Royaume qui compterait plus de *dix millions* d'âmes, et acquerrait ainsi sur l'une de nos frontières une importance considérable, commandait à la France de concilier son adhésion à un pareil changement avec *les exigences de sa sécurité* et la *protection du territoire français.* »

Eh bien, ce royaume de dix millions d'âmes, si dangereux, si inquiétant, il peut devenir, puisqu'on le laisse

1, Dépêches du 4 février et du 13 mars 1860. (*Documents diplomatiques*, session de 1861.)

faire, un royaume de plus de vingt millions d'habitants ?
Et on se refuserait à permettre que l'on accueille cet
énorme accroissement, autrement que par la confiance la
plus absolue ! — L'opinion du Gouvernement, telle que
je viens de la reproduire, était aussi celle de nos plus
proches voisins, par delà le Pas-de-Calais ; ils ne s'y sont
pas trompés ! Dès qu'ils ont vu l'agrandissement du Piémont, agrandissement qu'ils ont encouragé et soutenu
par quelque bon motif, je suppose, lorsqu'ils ont vu ce
développement de territoire et de puissance consenti par
la France, ils nous ont demandé à l'instant si nous avions
le projet d'exiger une plus grande garantie, en compen-
sation de cet accroissement, et ils nous ont attribué très-
injustement le dessein de vouloir prendre et retenir l'île
de Sardaigne. Leur raisonnement était bien simple ; ils ont
fait une règle de proportion : « La Savoie est à dix millions d'habitants comme l'île de Sardaigne est à vingt
millions. » Ils supposaient que la logique conduisait à
cette conclusion ; ils ont calculé d'après notre intérêt politique présumé ; — cela leur semblait tellement indiqué
que les dénégations n'ont pas réussi à les persuader, et
qu'on a dû leur donner des déclarations formelles, écri-
tes, pour leur faire comprendre qu'une garantie qu'on
jugeait indispensable lorsque le Piémont restait dans des
limites secondaires, devenait inutile dès qu'il prenait les
proportions d'un État de premier ordre. — Soyons sin-
cère, et constatons que la première impression, lors de
la formation d'un royaume considérable dans le nord de
l'Italie a été celle de la défiance. — Eh bien ! pour beaucoup d'esprits, cette défiance s'est accrue en raison de
l'agrandissement qu'on laisse prendre à ce royaume, sans
que les Documents officiels expliquent cette transition

soudaine de la défiance à la plus entière confiance. — Il
faut aller chercher dans les débats du Parlement italien
quelques explications; on y trouve, pour se rassurer, des
protestations sur la reconnaissance, l'alliance perpé-
tuelle, la *solidarité* de l'Italie. — La solidarité! mot nouveau dans le vocabulaire diplomatique, et qui nous est
très-recommandé par le Cabinet de Turin avec une in-
sistance qui ne me séduit guère. Quoi qu'il arrive, nous
resterons unis, semble-t-il nous dire; notre but n'est-il
pas le même; ne sommes-nous pas sortis des mêmes révolutions, de la même race? — De la même race! —
C'est bien le moment, en vérité, de parler de la communauté de races comme d'une garantie d'union, lorsque
des concitoyens, des frères, s'exterminent aux États-
Unis. — La communauté de races n'est point un préser-
vatif de l'inimitié ni des guerres; les enfants de Japhet se
feront toujours la guerre.

D'ailleurs, cette *solidarité*, puisqu'il faut accepter ce
néologisme, était sans doute pleine et entière à Solferino
et à Villafranca? Et cependant n'a-t-on pas entendu dire,
en Italie, le lendemain de Solferino, que la France était
trop parcimonieuse de son sang et de sa puissance, parce
qu'elle s'arrêtait devant les affreuses hécatombes des
champs de bataille et les dangers politiques qu'elle avait
laissés derrière elle; — qu'elle *trahissait* parce qu'elle ne
se sacrifiait pas tout entière, elle, son sang, ses intérêts,
la fortune de l'Empire, aux aspirations de l'Italie. N'a-t-on
pas dit dans la discussion de l'adresse, l'année dernière
qu'à Villafranca, le signataire pour le Piémont des pré-
liminaires de paix avait eu soin de détacher sa signature
de celle de la France, n'acceptant de l'arrangement que
ce qui lui convenait, et ne faisant aucun cas du reste! —

A peine l'Empereur avait-il donné et formulé le projet d'une Confédération, qu'immédiatement on s'est jeté dans les aventures de l'Unification, malgré nous, malgré nos protestations. Plus récemment encore, n'a-t-on pas décrété que Rome était la capitale de l'Italie, lorsque la France déclarait qu'elle ne quitterait pas Rome tant qu'elle n'aurait pas réglé la question romaine à la satisfaction du monde catholique !

-. Ce ne sont pas là les conditions d'une alliance désintéressée ; ce ne sont pas là de véritables alliés ! Nos véritables alliés sont ceux qui nous suivent, et non ceux qui veulent nous faire marcher. Dût la France rester seule, je préfère l'isolement à cette solidarité qui échappe à notre contrôle, ou s'en montre impatiente jusqu'à la hardiesse.

<hr>

IV

À ce sujet, les Documents diplomatiques communiqués aux Grands Corps de l'État donnent un singulier spectacle. Partout ils reproduisent la désapprobation la plus formelle de la conduite du Cabinet de Turin. Dans une Note adressée, le 6 juin, aux Ambassadeurs d'Autriche et d'Espagne, le Ministre des Affaires Étrangères

déclare : « Que le gouvernement de l'Empereur a déploré
« autant qu'il l'a blamée l'agression dirigée contre les
« États Pontificaux ; qu'il regrette que les stipulations de
« Villafranca et de Zurich n'aient pas pu recevoir leur exé-
« cution ; — que le gouvernement de l'Empereur aurait
« souhaité que la monarchie des Deux-Siciles ne fût pas
« renversée » et enfin jusque dans la pièce officielle qui
annonce la reconnaissance du roi d'Italie, le Ministre
affirme « que la reconnaissance ne suppose en aucune
« manière l'approbation d'une politique dont nous avons
« blâmé les actes. » De son côté, l'*Exposé de la situation
de l'Empire* ne se fait pas faute de reconnaître que « le
« gouvernement de l'Empereur désapprouve plus parti-
« -culièrement l'envahissement de l'Ombrie et des Mar-
« ches[1]. »

En vérité, toutes ces contradictions sont difficiles à
concilier. D'où vient cette étrange chose que de deux politiques en présence, la politique qui est perpétuellement
en échec est celle du plus puissant, et que rien ne semble
pouvoir arrêter l'autre dans sa témérité ? Cette perpé-
tuelle soumission à un fait que l'on blâme pendant toutes
ses phases, et qui n'a d'autre mérite, aux yeux mêmes du
Gouvernement, que d'être un fait ; cela est inconcevable !
et j'oserais dire irritant, lorsqu'on sait ce que peut la
France contre un fait qui lui déplaît. Qu'on ne blâme
donc pas, qu'on approuve plutôt hautement, si l'on veut,
ce fait dans toutes ses proportions, et qu'on ne laisse pas
les esprits français, qui aiment ce qui est clair, se perdre
dans des équivoques auxquelles les paroles de l'adresse ne
font qu'ajouter des incertitudes.

1. **Exposé de la situation de l'Empire**, page 83.

En toùs cas, cet antagonisme, qui date de Villafranca, et a toujours été en croissant depuis lors, justifie les appréhensions de ceux qui pensent qu'il serait prudent de ne pas tout abandonner à une alliance qui nous a donné et nous donne, ainsi que l'a fait très-sagement pressentir le Ministre des Affaires Étrangères, des signes indubitables des dangers qu'elle peut nous créer dans l'avenir.

Ces dangers ne sont pas imaginaires, sans doute; ils reposent sur des probabilités reconnues dans les méditations du cabinet. Quant à moi, je les crois très-sérieuses, et voici pourquoi :

En cas de perturbation européenne, le premier intérêt du roi d'Italie serait de conserver ce qu'il a. Il lui faudrait donc un appui, et nous ne pourrions probablement pas le lui donner, car si les appréhensions de complications sur notre frontière du Nord nous ont obligés de quitter l'Italie après Solferino, à plus forte raison serions-nous obligés de concentrer nos forces, si ces appréhensions devenaient des réalités, et si la formation de l'unité allemande venait encore compliquer davantage la situation. La politique rationnelle pour l'Italie serait donc de chercher des appuis hors de l'alliance française. A la rigueur, si notre alliance lui offrait quelque avantage nouveau, elle pourrait s'exposer aux chances d'une guerre; mais nous lui avons tout accordé, excepté Rome, que nous lui refuserons toujours, je suppose, et que d'autres, moins catholiques que nous, pourraient lui promettre. Elle n'aurait plus rien à gagner avec nous; non-seulement elle n'aurait rien à gagner, mais elle aurait à perdre. Elle s'exposerait à perdre la Sicile et à voir détruire par des attaques les villes de son littoral, Gênes, Livourne, Naples, Palerme, opulentes cités, aussi belles que les plus belles capitales de l'intérieur. Ainsi, comme l'Italie est aussi vulnérable, plus vulnérable par son littoral que par son territoire, elle sera donc, en cas de conflits européens, disposée à rechercher l'alliance de la plus grande puissance maritime : l'Angleterre.

On s'est servi d'un argument contraire ; on a dit qu'un des grands avantages de la formation d'un royaume d'Italie était la création d'une de ces marines secondaires qui, réunies à celle de la France, pourraient lutter contre la plus nombreuse des marines militaires ; c'est un argument sans valeur.

A aucune époque, les marines secondaires n'ont réussi à former une alliance offensive. Je me trompe ; une seule fois la France a fait alliance avec une marine secondaire, et je voudrais ne pas le rappeler, car c'est la date d'une de nos plus douloureuses défaites : Trafalgar ! L'histoire nous apprend que, tout ce que les marines secondaires ont pu faire a été de former une neutralité armée ; coalition défensive, non offensive.

Quel était d'ailleurs le but de cette neutralité armée ; C'était d'obliger l'Angleterre à reconnaître certains principes du droit maritime. Ces principes, l'Angleterre les a reconnus et sanctionnés par la Déclaration signée en congrès de Paris. Les articles de cette Déclaration satisfont complétement les neutres ; les marines secondaires n'ont donc plus d'intérêt ni de raison pour se coaliser contre l'Angleterre.

Non-seulement elles ne se coaliseront plus, mais elles iront de préférence chercher un abri sous son pavillon. L'Italie, comme puissance maritime, n'ayant plus rien à redouter des principes maritimes de l'Angleterre, et au contraire tout à redouter de sa politique, recherchera son alliance. Liée à la France par les sentiments, elle s'attachera à l'Angleterre par le plus puissant des intérêts, celui de sa sécurité et de sa durée.

Tout ce que nous pourrions donc attendre de plus favorable, c'est une neutralité. La neutralité ne serait pas, il est vrai, un danger, mais ce serait déjà un mécompte. Quant aux dangers, je les prévois, mais je ne veux pas en parler davantage ; c'est un sujet trop pénible à traiter au lendemain d'une alliance, et je préfère m'en tenir à l'affirmation positive du Ministre des Affaires Étrangères.

V

Pour partager les appréhensions du Ministre sur les dangers de cette alliance, il suffit de se rappeler avec quelle facilité le Cabinet de Turin peut briser ses relations politiques et ses liens de famille.

Au mois de juillet 1860, on négociait encore à Turin les conditions d'une entente avec Naples sur les bases les plus libérales, puisqu'elles comprenaient une alliance offensive et défensive contre l'Autriche ; les ambassadeurs étaient réciproquement occupés à en débattre les articles que déjà à Naples l'escadre sarde venait en aide à

Garibaldi par des procédés que je ne mentionnerai pas, parce qu'on ne les croirait pas possibles ; et cela tandis que le roi François II avait encore près de lui l'ambassadeur du roi Victor-Emmanuel ! Il faudrait n'avoir ni mémoire ni sentiment moral pour oublier ces faits ; on peut les rappeler comme un indice peu rassurant pour la solidité et la sincérité des alliances avec le même Cabinet.

Blâmer le Piémont à ce sujet, ce n'est pas se porter comme défenseur de l'ancien gouvernement napolitain. Personne n'ignore le déplorable régime qui pesait sur les populations de l'Italie méridionale. Les fautes, les violences accumulées pendant un long règne sont retombées sur la tête d'un jeune souverain comme un châtiment foudroyant. Il a été précipité dans l'exil par des événements, dont il n'était pas responsable. Il aurait cependant pu échapper à cette terrible rétribution, s'il eût su s'arracher aux mauvais conseils qui avaient environné sa jeunesse pour suivre la voie de vérité que le Gouvernement français ouvrait devant lui et s'il avait pu librement accepter les conseils sages, opportuns, qui lui ont été donnés dès son avénement au trône. Rendons cette justice au gouvernement de l'Empereur, qui a été la loyauté même, rendons-lui cette justice qu'il a cherché par tous les moyens à éclairer le chemin de cette royauté chancelante, en lui mettant, pour ainsi dire, dans la main, le moyen de salut. Il n'était question que de modifications tempérées, progressives, destinées à réduire, avec le temps, l'absolutisme royal en une monarchie équilibrée par les institutions représentatives les plus modérées. Le jeune Roi acceptait ces propositions, il les acceptait sincèrement puisqu'il proteste encore dans l'exil de son attachement

aux principes que la France lui a suggérés ; mais la fatalité a voulu qu'il fût entouré de conseillers trop aveugles
ou trop perfides pour lui laisser la liberté d'agir, et de
suivre un conseil qui aurait pu sauver la monarchie, en
la régénérant par des institutions libérales, et en la pla-
çant au rang des États qui pouvaient concourir à la formation d'une Italie indépendante.

On connaît la suite des événements ; les lenteurs cal-
culées des négociations pour laisser à Garibaldi le temps
de former son expédition sur Naples ; son entrée à Naples ; l'invasion du royaume par les troupes piémontaises,
sous prétexte de livrer une bataille à la révolution per-
sonnifiée dans le général Garibaldi (ce sont les expres-
sions du Cabinet de Turin), et d'empêcher, osait-on dire,
un conflit entre les volontaires garibaldiens et le drapeau
français à Rome ! Comme si la vue seule de ce drapeau
n'eût suffi pour arrêter ces bandes irrégulières.

Ces souvenirs rétrospectifs ont une signification appli-
cable à l'avenir, mais ils veulent dire aujourd'hui que si
la monarchie napolitaine est tombée sous le poids de ses
fautes, il a fallu cependant l'attaquer, sans déclaration de
guerre, par des agressions occultes ou inopinées, avant
toute rupture des relations qui garantissent la paix et la
bonne foi des gouvernements entre eux, et en trompant
la France sur les motifs de l'invasion du royaume. Maintenant le Cabinet de Turin porte la peine de tous ces actes
si justement blâmés, itérativement blâmés par le Gouvernement français. Les résistances qu'il rencontre lui prouvent qu'on ne viole pas impunément certaines vérités, et
que ceux qui voulaient conserver à l'Italie méridionale
une nationalité et un individualisme propre avaient une
pensée juste et vraie. Cette nationalité napolitaine a pu se

courber pour satisfaire d'anciennes et légitimes rancunes, et pour laisser passer une dynastie abandonnée par son armée et poursuivie par l'ouragan de l'invasion ; mais les nationalités survivent aux changements de dynasties, aux conquêtes, aux révolutions. La manifestation de la nationalité napolitaine ne consiste pas, on le comprend bien, dans l'existence de ces abominables bandes qui déshonorent la cause qu'elles servent ; elle se révèle par d'autres démonstrations qui partent de regrets sincères, d'un sentiment d'orgueil national blessé, auquel on ne peut refuser une attention sérieuse, si la politique interdit de leur donner encouragement. Quoi qu'il en soit, le Gouvernement italien s'apercevra longtemps encore qu'en mettant dans ses États les populations du Vésuve et de l'Etna, il y a introduit un élément volcanique qui menacera probablement de secousses répétées le nouvel établissement politique.

* * *

VI

Mais on dira : Quelle est donc l'Italie possible ?—L'Italie cherche dans l'unité la combinaison qui la préserve d'un passé détestable et lui assure la garantie d'un avenir meilleur, et vous repoussez l'unité; que voulez-vous donc ?

Ah! ce n'est pas pour borner les destinées de l'Italie que je m'opposerais à son unification. C'est que je crois cette combinaison contraire à son véritable intérêt, à son bonheur.

Je vais chercher à l'expliquer. — Je ne crois pas que l'unité réponde aux conditions morales et politiques de l'Italie, pas plus qu'elle ne convient aux intérêts généraux de notre politique. Née d'une vieille théorie qui ne s'est jamais trouvée en rapport avec les faits, l'unité est un emprunt fait par la monarchie à l'idée républicaine, et en cela la réalité résiste encore à la théorie. L'Italie, telle que la voyait celui qui a entrepris une grande guerre pour son indépendance, l'Italie naturelle, pour ainsi dire, apparaissait alors sous une tout autre forme politique que celle à laquelle on veut l'adapter aujourd'hui. On y remarquait toutes les diversités de mœurs, d'institutions, d'idiomes même, qui semblent peu appropriées à une fusion complète en un seul État politique. Aussi, la première pensée après la guerre avait été de réunir l'Italie en une association fédérative d'États. On avait toute liberté de proclamer que l'unité était ou devait être le but final de la guerre; personne n'y a songé, excepté Mazzini. Il faut l'avouer franchement : l'idée de l'unité s'est produite à la suite d'une des déceptions de la guerre, déception douloureuse; elle est venue (qu'on passe cette expression) à cause de la captivité de Venise. Venise, absente d'une Italie libérée, inspirait aux populations plus heureuses qu'elle la pensée de se liguer pour reconquérir Venise. En ce sens, l'unité comme mesure d'armement, comme dictature, était une idée vraie, et je conçois que le général Garibaldi ait voulu la réaliser avec cet audacieux emportement qui ne mesure pas les difficultés. Mais si l'unité pouvait être la forme dictatoriale de l'Italie, elle ne peut être l'état normal de sa constitution politique. Maintenant que la période militante est calmée, qu'il est bien impossible au Piémont d'achever seul l'unité à Rome et à Venise, et peut-être à Naples, il nous sera permis sans doute d'examiner s'il ne serait pas préférable, au lieu de cette unité tronquée, de revenir à la confédération comme plus conforme à la nature des choses, et à cette vérité dont j'ai parlé, et qui est la base des grandes conceptions politiques. Et d'abord, la confédération respecte l'individualisme des populations auxquelles la nature, les mœurs, l'histoire ont fait une existence distincte, et cela, tout en leur conservant une nationalité politique, centre et boulevard de l'indépendance commune. Quelque raisonnement que l'on puisse faire, qu'on entasse théorie sur théorie, on ne fera pas que le Sicilien, le Napolitain, le Toscan, le Lombard et le Piémontais n'aient dès traditions, des idées, des sentiments, des langages différents ; toutes choses qui ont été depuis des siècles divisées et gouvernées distinctement et qui restent divisibles, à moins qu'on ne veuille faire violence à ce que la nature et la Providence ont créé. Pour peu qu'on ait vécu parmi les Italiens, toutes ces diversités sont évidentes, et demeurent comme un élément dissolvant de l'unité ; c'est un fait pour moi incontestable. Mais on prétend que l'unité étant une combinaison nouvelle, il lui faut du temps pour s'établir ; on cite comme exemple la France, le modèle des États unifiés, et qui renferme cependant dans son sein bien des populations d'origine diverse ; la Bretagne, l'Alsace, la Lorraine, et le reste ; mais il n'y a aucune vérité dans cette comparaison sans cesse reproduite par les écrivains politiques de l'Italie ; chacun sait que l'Alsace et la Franche-Comté sont des conquêtes, la Bretagne une acquisition par mariage, et la Lorraine le résultat d'un échange.

Sans parler de la différence des époques, est-ce ainsi que l'on prétend former l'unité de l'Italie ? Mais puisqu'on a cité la Lorraine, qu'il me soit permis de rappeler qu'avant d'être définitivement réunie à la couronne de France, la Lorraine a passé par une condition intermédiaire, qu'elle a eu un roi fameux dans l'histoire, le roi Stanislas. En vérité, les exemples que l'on prend dans notre histoire ne sont pas ingénieux ; car je suppose que l'on donnât au roi d'Italie le conseil de choisir dans sa famille, ou dans toute autre dynastie, un souverain pour Naples, comme le roi Louis XV a fait pour la Lorraine, sans doute il n'accueillerait pas le conseil ; et cependant ce serait peut-être ce qu'il aurait de mieux à faire, car il rentrerait dans la réalité des choses, en donnant satisfaction aux désirs de l'Italie méridionale. Il pourrait, sans déroger, faire une cession semblable à celle qui lui a donné la Lombardie. Eh bien ! si l'on cherchait attentivement, à Florence, dans certaines provinces centrales, on rencontrerait peut-être ce même désir de recouvrer un gouvernement distinct, tout en restant italien, par la confédération. C'est du moins mon opinion, et cette opinion n'est pas récente, elle est ancienne ; elle s'est fortifiée au milieu des événements dont je parle ; je n'ai jamais pensé ou écrit différemment.

Mais comment reformer actuellement cette Confédération, disparue au milieu de l'envahissement de l'unité ?

La confédération suppose des souverainetés distinctes ; ces souverainetés n'existent plus ; les dynasties manquent à la nationalité des peuples.

Ma conviction profonde est que la disparition des dynasties n'a pas anéanti les nationalités ; que les dynasties ne manqueraient pas aux nationalités recouvrées ; qu'entre les nationalités et le fait accompli il existera un antagonisme croissant ; enfin que si l'unité nominale de l'Italie est possible, par une pression qui ressemble beaucoup à la force, l'unité morale est impossible.

La force, et je ne distinguerai guère entre la force matérielle et la contrainte exercée par le suffrage tel qu'il a été organisé en Italie, la force peut donner la possession mais non l'adhésion qui cimente la possession. Lorsque les populations d'Italie ont été appelées au suffrage, on leur a dit : « Choisissez : ou le Piémont, ou les princes qui vous imposaient la vassalité de l'Autriche. » Mais si on leur eût dit : « Le Piémont, ou des gouvernements nationaux, indigènes, conservateurs de votre nationalité, » et surtout si on leur eût laissé le temps de la réflexion, je ne crois pas que l'unité fût sortie des urnes du suffrage.

Maintenant la réflexion est venue, ils voudraient sans doute reprendre leur nationalité ; mais ils ne le pourront que le jour où le Cabinet de Turin aura reconnu qu'il pèse injustement sur des populations résistantes. Ce jour viendra, parce que la combinaison actuelle n'est pas la vraie combinaison. Lorsqu'un des patriotes italiens les plus éprouvés, lorsque le marquis d'Azeglio, qui a vingt fois risqué sa vie et sa liberté pour l'Italie, recommande le retour aux nationalités, ce n'est pas une chimère qu'il poursuit.

VII

Une des difficultés de la confédération serait évidemment la question de savoir quelle place y occuperait le gouvernement pontifical. — Le Saint-Siége n'est-il pas hostile à la confédération? Peut-il en accepter les devoirs? Sera-t-il un soutien pour l'Italie?

Je réponds d'abord que le Saint-Siége n'avait pas rejeté cette combinaison; que le cardinal Antonelli se disposait à partir pour le Congrès chargé de régler les conditions de cet arrangement, lorsque Garibaldi et le Piémont ont pris soin de renverser les projets de Confédération en faisant un appel à l'insurrection et à l'invasion. En principe, on peut donc croire que la Cour de Rome s'accommoderait d'une Confédération dans laquelle les possessions pontificales seraient adaptées aux nécessités de la Papauté. — Examinons donc quel est le véritable caractère du temporel du Pape; nous verrons ensuite quelle doit être sa nature politique au point de vue d'une Confédération italienne.

Commençons par répondre à l'objection fondamentale opposée par le Saint-Siége. — Quel arrangement lui avait on proposé? En termes très-vagues, un arrangement qui comporterait une *transaction avec le fait, sans toutefois abandonner son droit*[1]. On comprend peu ce compromis. Conserver intact un droit en cédant à un fait qui entame ce droit! c'est incompréhensible. Aussi, le Saint-Siége répond: « Qu'il ne veut pas se prêter à un arrangement avec les spoliateurs; qu'il se prononce contre toute transaction impliquant l'abandon d'une portion quelconque des territoires perdus. » En tenant ce langage, la Cour de Rome se refuse à s'abaisser devant des actes que nous avons nous-même blâmés et condamnés en termes formels. Elle juge d'après la morale les événements qui la touchent, et, selon ce jugement, elle décide. — Pouvons-nous la blâmer de cette manière d'apprécier les événements?

Mais je crois que la Cour de Rome se trompe sur le caractère de son temporel, et qu'elle exagère son droit. Si on pouvait parvenir à lui démontrer que son droit est moindre qu'elle ne le pense, elle serait peut-être plus traitable. Il y aurait lieu, alors, de lui proposer une transaction, non avec *le fait*, qu'elle repousse justement, mais avec son droit mieux défini.

Je dis donc que le Saint-Siége exagère son droit sur le temporel. Le temporel est considéré, suivant la diversité des opinions, sous trois aspects. — D'abord le *caractère mixte*, religieux et politique; secondement le *caractère de fidéicommis;* et enfin le *caractère d'apanage* attribué par la catholicité au Saint-Siége, comme base de son indépendance religieuse.

Ceux qui ne reconnaissent dans le temporel que le premier caractère pensent que le temporel est inaliénable,

____

[1]. Dépêche du 11 janvier 1862.

incommutable ; qu'il est sacré. — Si ce n'est un dogme,
il est inviolable comme un dogme, puisqu'il est irrévoca-
blement placé sous la garde de celui qui possède les clefs
symboliques de la vie future et de l'autorité du Christ
sur la terre. — En d'autres termes, la dualité du Pape
est indivisible et inaccessible aux atteintes de la main des
hommes. Le Pontife couvre le Souverain, et le Souverain
investit le Pontife de ses droits.

Mais cette doctrine n'a jamais été, je le pense, admise
une seule fois dans le cours des siècles passés par la
France ; ce n'est pas un principe pour nous. Et comment
en serait-il autrement ? Comment un temporel dont nous
connaissons mieux que qui que ce soit l'origine, et qui
n'a rien qui le distingue des autres établissements hu-
mains, comment pourrait-il acquérir cette inviolabilité
qui n'appartient à aucune possession politique sur cette
terre ? Ce temporel s'est formé de choses essentiellement
variables, commutables, périssables ; c'est pourquoi le
caractère de propriété soumise à toutes sortes de varia-
tions, le suit depuis son origine, et ne cesse de le do-
miner.

Dans le second cas, le domaine temporel serait un
fideï-commis, obligatoirement transmissible dans son
intégralité, à cause du serment que les papes prêtent lors
de leur exaltation. — Ceux qui considèrent que ce serment rend le fidéicommis immuable se trompent sur sa
nature. — Le serment des papes et des cardinaux ne
s'applique qu'aux aliénations qui seraient motivées par
des concessions gratuites et des dons personnels du Saint-
Père. — L'immuabilité ne peut être prise que dans ce
sens et non dans le sens politique ; car si le serment
avait la faculté d'immobiliser les choses auxquelles il

s'applique, ce serait le renversement de l'ordre providentiel de ce monde, puisqu'un acte de la volonté humaine acquerrait la puissance surnaturelle d'enchaîner la marche des événements et de poser une limite aux décrets de la volonté divine. — Le serment des papes sur le temporel est donc un engagement purement humain ; il n'a d'autres proportions et d'autre effet que ceux d'un acte subordonné à la mutabilité des choses de ce monde.

Le troisième caractère du temporel est celui d'un *apanage* dont les proportions doivent être combinées de manière à assurer en même temps l'indépendance nécessaire à l'administration spirituelle de l'Église et des limites convenables à son autorité souveraine. C'est là qu'est toute la question, c'est là que le spirituel et le temporel se touchent et s'amalgament, de telle sorte que l'on ne s'étonne pas des alarmes de ceux qui craignent les transactions qui exposeraient le Saint-Siége à des vicissitudes inquiétantes pour la catholicité.

A ce point de vue, le Saint-Siége doit rester fidèle à un droit d'autant plus obligatoire qu'il est impersonnel. Mais le Saint-Siége peut être amené à reconnaître que la revendication intégrale de son droit trouble plus la catholicité qu'il ne la sert, et dans ce cas, comme la catholicité seule est intéressée au maintien du droit, il appartient au Saint-Siége d'examiner s'il n'y aurait pas lieu de transformer un droit qui ne l'oblige que dans la mesure des intérêts de la catholicité. La catholicité serait-elle en péril si la Cour de Rome disait : « Je ne transigerai pas avec le fait, mais je soumettrai mon droit aux nécessités des temps ; je retiendrai les provinces perdues, non à titre de souverain direct, mais à titre de suzerain ; je leur donnerai une administration parfaitement indépendante; elles ne relèveront du Saint-Siége que par une allégeance conditionnelle ; les charges ne seront que proportionnelles aux besoins du chef de la catholicité ; les devoirs envers la Confédération italienne seront libres et complets ; en un mot, les provinces auront une autonomie analogue à celle dont elles jouissaient à la fin du dernier siècle ! »

Voilà comment le Pape peut transiger sur son droit, lorsqu'il lui sera démontré que cette transaction n'est point un abandon humiliant, un abaissement devant *le fait* qu'il qualifie de spoliation ; mais une concession faite à la pacification de l'Italie, au repos, à la sécurité de la catholicité d'où dérive son droit à l'*apanage* reconnu nécessaire à son indépendance religieuse.

VIII

C'est dans ce sens que je comprends que l'on puisse peser sur la Cour de Rome pour obtenir un arrangement. Mais soyons juste et consentons aussi à peser sur le Cabinet de Turin, pour l'obliger à accepter une combinaison qui concilierait toutes les dissidences et tous les conflits. Le Gouvernement a dit, dans sa dépêche du 11 janvier,

« qu'il était animé, à *titre égal*, de sympathie pour les deux causes qui sont en antagonisme. » Qu'il ne se refuse donc pas à proposer, à imposer, puisqu'il en a le pouvoir, un arrangement qui serait l'image de son impartiale sympathie. S'il n'impose pas cet arrangement, ou tout autre analogue, c'est qu'alors la sympathie est inégale, et qu'il penche non-seulement vers l'Italie *unitaire*, mais vers l'Italie *révolutionnaire*, et alors il faut demander plus que jamais que la main de la France s'écarte de ce contact, de cette *solidarité* périlleuse.

Quant aux catholiques sincères et aux libéraux sincères, ils doivent souhaiter, quelles que soient les résolutions prises sur cette grande question, ils doivent demander pour le Pape cette indépendance, qui est la garantie de la paix des consciences, et s'il est prouvé, comme cela paraît incontestable, qu'il ne peut gouverner la foi catholique que du haut du trône séculaire qu'il occupe à Rome, il faut exiger qu'il y soit maintenu avec tous les attributs, toutes les prérogatives, tout l'apanage propres à le préserver de vicissitudes inquiétantes pour la foi. Mais il faut conjurer aussi le Saint-Père de ne pas mettre l'obéissance religieuse en opposition avec les croyances politiques de la France, de ne pas la placer devant ce terrible dilemme : ou la renonciation aux principes, aux conquêtes morales qui font la gloire de notre patrie, ou le délaissement politique de celui qui doit être notre guide religieux.

Ah ! que de regrets amers font naître toutes ces controverses ! Pourquoi ce débat entre la vérité religieuse et la vérité politique ? Quelle peine cruelle pour les catholiques qui croient avec ferveur que l'on peut associer les dogmes de la foi avec les principes de la liberté politique,

de voir que sur ce terrain d'Italie ils sont en lutte ouverte,
et que le triomphe légitime des uns doit être presque in-
évitablement la cause de douleurs et de désastres pour
les autres ! Pourquoi cette déplorable persistance de l'É-
glise à comprimer l'essor des idées d'indépendance et de
liberté, persistance qui provoque cette réplique plus déplorable encore de la liberté : destruction de la souverai-
neté temporelle, si elle résiste à la liberté ? C'est que dans
la vie des gouvernements, comme dans la vie commune,
il y a des moments décisifs pour les destinées. Saisissez
ce moment, c'est une existence nouvelle ; fermez les yeux
à la vérité, et vous retombez dans toutes les angoisses
d'une existence incertaine et périlleuse. J'ai eu le bonheur
et le malheur à la fois d'assister à l'un de ces moments
solennels pour la Papauté. En 1846, j'ai vu l'Italie entière
aux genoux du Pape, recevant de ses mains la bénédiction
religieuse et la régénération politique. L'élan de la liberté
ressemblait à une vieille croisade. Comme jadis pour la
délivrance du tombeau du Christ, on marchait au tombeau de l'Italie pour la relever et l'arracher aux mains des
étrangers, qui la profanaient par leur tyrannie. Moment
sublime pour ceux qui voyaient dans le drapeau du Saint-
Père l'alliance de la foi et de la liberté ; moment glorieux
pour l'Église puisqu'elle devenait le mobile d'un de ces
affranchissements qui marquent en traits lumineux le
passage de l'Évangile parmi les peuples.

Malheureusement, l'esprit du Souverain Pontife s'est
subitement voilé : son bras a faibli ; au lieu de retenir
dans sa main puissante le drapeau destiné à diriger
l'Italie, il l'a rejeté dans le flot des agitations politiques.
Alors, la liberté, désertée par la religion, s'est égarée et
n'a rencontré que des défaites jusqu'au jour où le dra-

peau français à reparu pour soutenir sa cause. L'Empereur en appelant autour de lui toutes les forces de l'Italie,
les trônes, les peuples, n'a pas laissé de côté celui qui
quelques années auparavant avait réuni dans sa main
les deux plus puissants leviers des grandes actions hu-
maines, la religion et la liberté; et lorsque les chances
de la guerre eurent laissé inachevée l'œuvre de l'indépendance complète, l'Empereur provoquait encore le
Saint-Père à la continuer et à consacrer les conquêtes
accomplies en reprenant la suprême direction des choses
d'Italie par la présidence de la Confédération.

On sait quelles sont les résistances, les défiances, les
ambitions qui n'ont pas permis à cette grande combinaison de s'établir. Mais il ne faut pas se décourager. La
vérité est là. C'est l'union de la religion et de la liberté,
la plus belle œuvre qu'il soit donné à l'homme d'accom-
plir. J'espère que l'Église comprendra qu'elle doit s'y
associer.

Si cela n'est pas compris, je prévois de nouveaux
malheurs pour l'Église! Car la liberté est irrésistible.
Elle marche aussi (quand elle ne s'égare pas dans de dé-
plorables excès), avec les principes de l'Évangile.

Existe-t-il un seul point du globe où son pouvoir ne
soit pas manifeste? On pressent même son avénement
dans les contrées qui semblaient se refuser à jamais à
l'associer à la politique. Partout elle s'est ouvert un chemin. Voyez le peuple russe; on dirait qu'il se souvient
que, dans un de ces moments où l'esprit libéral du siècle
plane jusque sur la tête des autocrates, l'empereur
Alexandre Ier avait préparé de ses mains une constitution
pour ses peuples. La génération actuelle réclame la réali-
sation du legs impérial. C'est l'esprit de liberté qui parle!

Il faut espérer qu'elle reprendra aussi ses droits en Pologne, et que le noble esprit et le cœur généreux qui a prononcé l'émancipation des serfs dans ses États ne dédaignera pas les souffrances et les aspirations légitimes d'une des plus belles parties de son empire. Dans l'extrême Orient, des barrières, fermées depuis des siècles, s'abaissent devant la liberté associée à la religion. En Turquie, elle oblige la vieille politique de rivalités européennes à s'unir pour affranchir des populations opprimées par le despotisme. — Il faut donc que la Cour de Rome médite sur cet état de choses; qu'elle se rappelle, qu'au seizième siècle, pour avoir refusé des réformes disciplinaires, elle a causé un schisme qu'elle déplore; — il faut que la Cour de Rome n'oublie pas que si son devoir est de *rendre à César ce qui est à César*, son devoir non moins grand est *de rendre à la liberté ce qui est à la liberté.* — C'est sur cette base que se fondra l'établissement politique et temporel du Saint-Siége, si les destinées de l'Italie ne s'accomplissant pas par la combinaison unitaire, devaient un jour s'adapter à une combinaison analogue à celle qui avait été préparée par nos victoires, et indiquée par nos traités; à une combinaison enfin qui, en subissant les changements devenus nécessaires, serait conforme à l'intérêt de la France, satisfaisante pour la Papauté, et juste pour les nationalités italiennes.

Pour obtenir ce grand résultat, la marche actuelle de la politique doit subir, j'en conviens, de notables changements. Les deux adversaires en présence, en Italie, doivent, l'un renoncer à mettre son droit au-dessus de toutes choses, l'autre son ambition au-dessus de tout droit; ces changements sont difficiles, mais non impossibles à obtenir. Pour y arriver, il suffit de hâter le moment où la vérité se fera jour, en exerçant une double pression parfaitement compatible avec le caractère d'impartiale équité que le Gouvernement a annoncé vouloir observer dans cet immense débat. Il suffirait enfin que le Gouvernement consentît à revenir à l'opinion si formellement énoncée sur la formation d'un puissant royaume en Italie, combinaison qu'il déclarait pleine de dangers, lorsqu'elle était loin d'atteindre les proportions qu'elle prend actuellement. On est en droit de ne pas renoncer à ces alarmes, puisqu'il n'a pas été expliqué, ni dans les documents officiels, ni dans la discussion de l'adresse, comment on doit s'y prendre pour passer de ces appréhensions si bien raisonnées à une confiance dont on n'a pas donné la raison.

FIN.

Paris. — Imprimerie de Ch. Lahure et Cⁱᵉ, rue de Fleurus, 9.